La guía avan la Dieta D

Libro de cocina de la dieta Dash para reducir la presión arterial y llevar una vida sana.

Recetas rápidas y fáciles con deliciosas comidas bajas en sodio.

Jasmin Contrero

Índice

—

La información que figura en las páginas siguientes se considera en general una exposición veraz y exacta de los hechos y, como tal, toda falta de atención, utilización o uso indebido de la información en cuestión por parte del lector hará que las acciones resultantes queden únicamente bajo su competencia. No hay ningún escenario en el que el editor o el autor original de esta obra pueda ser considerado de alguna manera responsable de cualquier dificultad o daño que pueda ocurrirles después de emprender la información aquí descrita.

Además, la información que figura en las páginas siguientes tiene fines exclusivamente informativos y, por lo tanto, debe considerarse universal. Como corresponde a su naturaleza, se presenta sin garantías sobre su validez prolongada o su calidad provisional. Las marcas comerciales que se mencionan se hacen sin consentimiento escrito y no pueden considerarse en modo alguno como una aprobación del titular de la marca.

Platos de acompañamiento...

y aceitunas

Tiempo de preparación: 5 minutos

Tiempo de cocción: 0 minutos

Porciones: 4

Ingredientes:

- 2 cebollas verdes, en rodajas

- Rábanos de una libra, en cubos

- 2 cucharadas de vinagre balsámico

- 2 cucharadas de aceite de oliva

- 1 cucharadita de chile en polvo

- 1 taza de aceitunas negras, sin hueso y cortadas por la mitad

- Una pizca de pimienta negra

Instrucciones:

1. Mezcla los rábanos con las cebollas y los otros ingredientes en una gran ensaladera, mézclalos y sírvelos como guarnición.

Nutrición:

Calorías 123

Proteína 1.3g

Hidratos de carbono 6,9 g

Grasa 10.8g

Fibra 3.3g

Sodio 345mg

Potasio 306mg

y endibias

Tiempo de preparación: 5 minutos

Tiempo de cocción: 0 minutos

Porciones: 4

Ingredientes:

- 2 endibias, aproximadamente desmenuzadas

- 1 cucharada de eneldo, picado

- ¼ taza de jugo de limón

- ¼ taza de aceite de oliva

- 2 tazas de espinacas para bebés

- 2 tomates, en cubos

- 1 pepino, en rodajas

- ½ tazas de nueces, picadas

Instrucciones:

1. En un gran tazón, combine las endibias con las espinacas y los otros ingredientes, revuelva y sirva como un plato de acompañamiento.

Nutrición:

Calorías 238

Proteína 5.7g

Hidratos de carbono 8,4 g

Grasa 22.3g

Fibra 3.1g

Sodio 24mg

Potasio 506mg

Mezcla de aceitunas con albahaca

Tiempo de preparación: 5 minutos

Tiempo de cocción: 0 minutos

Porciones: 4

Ingredientes:

- 2 cucharadas de aceite de oliva

- 1 cucharada de vinagre balsámico

- Una pizca de pimienta negra

- 4 tazas de maíz

- 2 tazas de aceitunas negras, sin hueso y cortadas por la mitad

- 1 cebolla roja, picada

- ½ taza de tomates cherry cortados por la mitad

- 1 cucharada de albahaca, picada

- 1 cucharada de jalapeño, picado

- 2 tazas de lechuga romana, rallada

Instrucciones:

1. Mezclar el maíz con las aceitunas, la lechuga y los demás ingredientes en un gran bol, mezclar bien, dividir entre los platos y servir como guarnición.

Nutrición:

Calorías 290

Proteína 6.2g

Hidratos de carbono 37,6 g

Grasa 16.1g

Fibra 7.4g

Sodio 613mg

Potasio 562mg

Ensalada de rúcula

Tiempo de preparación: 5 minutos

Tiempo de cocción: 0 minutos

Porciones: 4

Ingredientes:

- ¼ taza de semillas de granada

- 5 tazas de rúcula para bebés

- 6 cucharadas de cebollas de verdeo, picadas

- 1 cucharada de vinagre balsámico

- 2 cucharadas de aceite de oliva

- 3 cucharadas de piñones

- ½ chalota, picada

Instrucciones:

1. En una ensaladera, combinar la rúcula con la granada y los otros ingredientes, mezclar y servir.

Nutrición:

Calorías 120

Proteína 1.8g

Hidratos de carbono 4.2g

Grasa 11.6g

Fibra 0.9g

Sodio 9mg

Potasio 163mg

Arroz español

Tiempo de preparación: 15 minutos

Tiempo de cocción: 1 hora y 35 minutos

Porciones: 8

Ingredientes:

- Arroz integral - 2 tazas

- Aceite de oliva extra virgen - .25 taza

- Ajo, picado - 2 dientes

- Cebolla, picada - 1

- Tomates, cortados en cubos - 2

- Jalapeño, sin semillas y cortado en cubos - 1

- Pasta de tomate - 1 cucharada

- Cilantro, picado - .5 taza

- Caldo de pollo, bajo en sodio - 2,5 tazas

Instrucciones:

1. Calienta el horno a 375 grados Fahrenheit. Haga un puré con los tomates, la cebolla y el ajo usando una licuadora o un procesador de alimentos. Mida dos tazas de este puré de vegetales para usar y deseche el exceso.

2. En una gran olla holandesa para horno, calienta el aceite de oliva extra virgen a fuego medio hasta que esté caliente y brillante. Añade el jalapeño y el arroz para tostar, cocinando mientras se revuelve ocasionalmente durante dos o tres minutos.

3. Lentamente revuelva el caldo de pollo en el arroz, seguido del puré de verduras y la pasta de tomate. Revuelva hasta que se combinen y aumente el fuego a medio-alto hasta que el caldo alcance el punto de ebullición.

4. Cubrir la olla holandesa con una tapa de horno, transferir la olla al horno precalentado y hornear en 1 hora y 15 minutos. Retire y revuelva el cilantro en el arroz. Servir.

Nutrición:
Calorías: 265
Sodio: 32mg
Potasio: 322mg
Carbohidratos: 40g
Grasa: 3g
Proteína: 5g

Camotes y manzanas

Tiempo de preparación: 15 minutos

Hora de cocinar: 40 minutos

Porciones: 4

Ingredientes:

- Camotes, cortados en cubos de 1" - 2

- Manzanas, cortadas en cubos de 1" - 2

- Aceite de oliva extra virgen, dividido - 3 cucharadas

- Pimienta negra, molida - .25 cucharadita

- Canela, molida - 1 cucharadita

- Jarabe de arce - 2 cucharadas

Instrucciones:

1. Calienta el horno a 425 grados Fahrenheit y engrasa
   una gran bandeja de hornear con spray de cocina
   antiadherente. Mezclar los cubos de batatas con dos
   cucharadas de aceite de oliva y pimienta negra hasta
   cubrirlos. Ase las patatas en veinte minutos,
   revolviéndolas una vez a la mitad del proceso.

2. Mientras tanto, arroje las manzanas con la cucharada
   restante de aceite de oliva, canela y jarabe de arce hasta

cubrirlas uniformemente. Después de que los boniatos se hayan cocinado durante veinte minutos, añada las manzanas a la bandeja de hornear y mezcle los boniatos y las manzanas.

3. Vuelva al horno, luego asarlo por veinte minutos más, una vez más dándole un buen revoltijo a la mitad. Una vez que las patatas y las manzanas se caramelicen en el jarabe de arce, sáquelas del horno y sírvalas calientes.

Nutrición:

Calorías: 100

Carbohidratos: 22g

Grasa: 0g

Proteína: 2g

Sodio: 38mg

Potasio: 341mg

Nabos asados

Tiempo de preparación: 15 minutos

Hora de cocinar: 30 minutos

Porciones: 4

Ingredientes:

- Los nabos, se pelan y se cortan en cubos de ½" - 2 tazas

- Pimienta negra, molida - .25 cucharadita

- Ajo en polvo - .5 cucharadita

- Polvo de cebolla - .5 cucharadita

- Aceite de oliva extra virgen - 1 cucharada

Instrucciones:

1. Calienta el horno a 400 grados Fahrenheit y prepara una gran bandeja para hornear, dejándola a un lado. Comienza recortando los bordes superior e inferior de los nabos y pelándolos si lo deseas. Córtelos en cubos de 1/2 pulgada.

2. Mezclar los nabos con el aceite de oliva extra virgen y los condimentos y luego esparcirlos en la bandeja de hornear preparada. Asar los nabos hasta que estén tiernos, removiéndolos a medias, unos treinta minutos en total.

Nutrición:

Calorías: 50

Carbohidratos: 5g

Grasa: 4g

Proteína: 1g

Sodio: 44mg

Potasio: 134mg

Ensalada de patatas No-Mayo

Tiempo de preparación: 15 minutos

Tiempo de cocción: 20 minutos

Porciones: 8

Ingredientes:

- Patatas rojas - 3 libras

- Aceite de oliva extra virgen - .5 taza

- Vinagre de vino blanco, dividido - 5 cucharadas

- Mostaza de Dijon - 2 cucharaditas

- Cebolla roja, en rodajas - 1 taza

- Pimienta negra, molida - .5 cucharadita

- Albahaca, fresca, picada - 2 cucharadas

- Hierba de eneldo, fresca, picada - 2 cucharadas

- Perejil, fresco, picado - 2 cucharadas

Instrucciones:

1. Añade las patatas rojas a una olla grande y cúbrelas con agua hasta que el nivel del agua esté dos pulgadas por encima de las patatas. Poner la olla a fuego alto, luego hervir las patatas hasta que estén tiernas al pincharlas

con un tenedor, unos quince o veinte minutos. Escurrir el agua.

2. Deje que las patatas se enfríen hasta que se puedan manipular fácilmente pero aún estén calientes, luego córtelas por la mitad y póngalas en un bol grande. Añadan tres cucharadas de vinagre de vino blanco, dando a las patatas un buen revoltijo para que puedan absorber el vinagre uniformemente.

3. Mezcla el resto de dos cucharadas de vinagre, aceite de oliva extra virgen, mostaza de Dijon y pimienta negra en un pequeño tazón. Añadan esta mezcla a las patatas y denles un buen revolcón para cubrir bien las patatas.

4. Añade la cebolla roja y las hierbas picadas. Servir a temperatura ambiente o fría. Sirva inmediatamente o guarde en la nevera hasta cuatro días.

Nutrición:

Calorías: 144

Carbohidratos: 19g

Grasa: 7g

Proteína: 2g

Sodio: 46mg

Potasio: 814mg

y calabacín

Tiempo de preparación: 15 minutos

Hora de cocinar: 30 minutos

Porciones: 4

Ingredientes:

- Tomates de uva, cortados por la mitad - 10 onzas

- Calabacín - 2

- Ajo, picado - 5 dientes

- Sazonador de hierbas italianas - 1 cucharadita

- Pimienta negra, molida - .25 cucharadita

- Perejil, fresco, picado - .33 taza

- Queso parmesano, bajo en sodio, rallado - .5 taza

Instrucciones:

1. Calienta el horno a 350 grados Fahrenheit y cubre una gran bandeja de hornear con spray de cocina antiadherente. Mezcle los tomates, el calabacín, el ajo, el condimento de hierbas italianas, la pimienta negra y el queso parmesano en un tazón.

2. Ponga la mezcla en la bandeja de hornear y ásela hasta el calabacín durante 30 minutos. Remueva, y adorne con perejil por encima antes de servir.

Nutrición:

Calorías: 35

Carbohidratos: 4g

Grasa: 2g

Proteína: 2g

Sodio: 30mg

Potasio: 649mg

Arroz Cheddar con Brócoli Cremoso

Tiempo de preparación: 15 minutos

Hora de cocinar: 40 minutos

Porciones: 6

Ingredientes:

- Arroz integral - 1 taza

- Caldo de pollo, bajo en sodio - 2 tazas

- Cebolla, picada - 1

- Aceite de oliva extra virgen, dividido - 3 cucharadas

- Ajo, picado - 2 dientes

- Leche desnatada - .5 taza

- Pimienta negra, molida - .25 cucharadita

- Brócoli, picado - 1.5 tazas

- Queso Cheddar, bajo en sodio, rallado - 1 taza

Instrucciones:

1. Ponga una cucharada de aceite de oliva extra virgen en una olla grande y saltee la cebolla y el ajo a fuego medio en dos minutos.

2. Poner el caldo de pollo en una olla y esperar a que hierva antes de añadir el arroz. Cocina el arroz a fuego lento durante veinticinco minutos.

3. Revuelva la leche descremada, la pimienta negra y las dos cucharadas restantes de aceite de oliva en el arroz. Cuézalo a fuego lento de nuevo en cinco minutos más. Añade el brócoli y cocina el arroz durante cinco minutos más, hasta que el brócoli esté tierno. Añade el arroz y sírvelo caliente.

Nutrición:

Calorías: 200

Carbohidratos: 33g

Grasa: 3g

Proteína: 10g

Sodio: 50mg

Potasio: 344mg

Coles de Bruselas machacadas

Tiempo de preparación: 15 minutos

Hora de cocinar: 40 minutos

Porciones: 6

Ingredientes:

- Coles de Bruselas - 2 libras

- Ajo, picado - 3 dientes

- Vinagre balsámico - 3 cucharadas

- Aceite de oliva extra virgen - .5 taza

- Pimienta negra, molida - .5 cucharadita

- Puerro lavado y cortado en rodajas finas - 1

- Queso parmesano, bajo en sodio, rallado - .5 taza

Instrucciones:

1. Calienta el horno a 450 grados Fahrenheit y prepara dos grandes bandejas para hornear. Cortar las hojas y tallos amarillos de las coles de Bruselas y cocerlas al vapor hasta que estén tiernas, unos veinte o veinticinco minutos.

2. Mezcla el ajo, la pimienta negra, el vinagre balsámico y el aceite de oliva extra virgen en un gran tazón. Añada

las coles de Bruselas y los puerros al vapor al tazón y revuelva hasta que estén cubiertos uniformemente.

3. Esparce las coles de Bruselas y las fugas divididas en las hojas de hornear preparadas.

4. Utiliza un tenedor o un vaso y presiona sobre cada una de las coles de Bruselas para crear hamburguesas planas. Ponga el queso parmesano encima y ponga las coles aplastadas en el horno durante quince minutos hasta que estén crujientes. Disfruta caliente y recién salido del horno.

Nutrición:

Calorías: 116

Carbohidratos: 11g

Grasa: 5g

Proteína: 10g

Sodio: 49mg

Potasio: 642mg

Arroz con Cilantro y Lima

Tiempo de preparación: 15 minutos

Hora de cocinar: 40 minutos

Porciones: 6

Ingredientes:

- Arroz integral - 1,5 tazas

- Jugo de lima - 2 cucharadas

- Jugo de limón - 1.5 cucharaditas

- Ralladura de limón - .5 cucharadita

- Cilantro, picado - .25 taza

- Hoja de laurel - 1

- Aceite de oliva extra virgen - 1 cucharada

- Agua

Instrucciones:

1. Cocina el arroz y la hoja de laurel en una olla con agua hirviendo. Mezclar la mezcla y dejarla hervir durante treinta minutos, reduciendo ligeramente el fuego si es necesario.

2. Una vez que el arroz esté tierno, escurrir el agua y devolver el arroz a la olla. Déjalo reposar fuera del fuego en diez minutos. Quita la hoja de laurel y usa un tenedor para esponjar el arroz. Revuelva el resto del arroz y sírvalo inmediatamente.

Nutrición:

Calorías: 94

Carbohidratos: 15g

Grasa: 3g

Proteína: 2g

Sodio: 184mg

Potasio: 245mg

Ensalada de maíz con vinagreta de lima

Tiempo de preparación: 15 minutos

Tiempo de cocción: 7 minutos

Porciones: 6

Ingredientes:

- Granos de maíz, frescos - 4.5 tazas

- Jugo de limón - 1 cucharada

- Pimiento rojo, cortado en cubos - 1

- Tomates de uva cortados por la mitad - 1 taza

- Cilantro, picado - .25 taza

- Cebolla verde, picada - .25 taza

- Jalapeño, cortado en cubos - 1

- Cebolla roja, en rodajas finas - .25

- Queso Feta - .5 taza

- Mezcla para hornear Truvia - 2 cucharadas

- Aceite de oliva extra virgen - 2 cucharadas

- Miel - .5 cucharadas

- Jugo de lima - 3 cucharadas

- Pimienta negra, molida - .125 cucharadita

- Pimienta de cayena, molida - .125 cucharadita

- Ajo en polvo - .125 cucharadita

- Polvo de cebolla - .125 cucharadita

Instrucciones:

1. Para crear su vinagreta de lima, añada el jugo de lima, cebolla en polvo, ajo en polvo, pimienta negra, pimienta de cayena y miel en un tazón. Mezclar, luego agregar lentamente el aceite de oliva extra virgen mientras se bate vigorosamente.

2. Hervir una olla con agua y añadir el jugo de limón, la Truvia para hornear y los granos de maíz. Dejar hervir el maíz durante siete minutos hasta que esté tierno. Colar el agua hirviendo y agregar los granos de maíz a un tazón de agua helada para detener el proceso de cocción y enfriar los granos. Escurrir el agua helada y reservar el maíz.

3. Añade los tomates, el pimiento rojo, el jalapeño, la cebolla verde, la cebolla roja, el cilantro y el maíz cocido a un bol grande y mézclalo hasta que las verduras estén bien distribuidas. Añadir el queso feta y la vinagreta a las verduras y luego revolver hasta que estén bien combinados y cubiertos uniformemente. Servir inmediatamente.

Nutrición:

Calorías: 88

Carbohidratos: 23g

Grasa: 0g

Proteína: 3g

Sodio: 124mg

Potasio: 508mg

Ensalada mediterránea de garbanzos

Tiempo de preparación: 15 minutos

Tiempo de cocción: 0 minutos

Porciones: 6

Ingredientes:

- Garbanzos cocidos - 4 tazas

- Pimiento, cortado en cubos - 2 tazas

- Pepino, picado - 1 taza

- Tomate, picado - 1 taza

- Aguacate, en cubitos - 1

- Vinagre de vino tinto - 2.5 cucharadas

- Jugo de limón - 1 cucharada

- Aceite de oliva extra virgen - 3 cucharadas

- Perejil, fresco, picado - 1 cucharadita

- Orégano, seco - .5 cucharadita

- Ajo, picado - 1 cucharadita

- Hierba de eneldo, seca - .25 cucharadita

- Pimienta negra, molida - .25 cucharadita

Instrucciones:

1. Añade los vegetales cortados en cubos, excepto el aguacate y los garbanzos, a un gran tazón y tíralos. En un tazón separado, bata los condimentos, el jugo de limón, el vinagre de vino tinto y el aceite de oliva extra virgen para crear una vinagreta. Una vez mezclado, vierta la mezcla sobre la ensalada y mézclelo para que se mezcle.

2. Ponga la ensalada en la nevera y déjela marinar durante al menos un par de horas antes de servirla o hasta dos días. Inmediatamente antes de servir la ensalada, corte el aguacate en dados y métalo.

Nutrición:

Calorías: 120

Carbohidratos: 14g

Grasa: 5g

Proteína: 4g

Sodio: 15mg

Potasio: 696mg

Repollo asado italiano

Tiempo de preparación: 15 minutos

Tiempo de cocción: 15 minutos

Porciones: 8

Ingredientes:

- Repollo, cortado en 8 cuñas - 1

- Pimienta negra, molida - 1.5 cucharaditas

- Aceite de oliva extra virgen - .66 taza

- Sazonador de hierbas italianas - 2 cucharaditas

- Queso parmesano, bajo en sodio, rallado - .66 taza

Instrucciones:

1. Calienta el horno a 425 grados Fahrenheit. Prepare una gran hoja de hornear forrada con papel de aluminio y luego rocíela con spray de cocina antiadherente.

2. Corta tu col por la mitad, quita el tallo, y luego corta cada mitad en cuatro cuñas para que te queden ocho cuñas en total.

3. Coloca los trozos de col en la bandeja de hornear y rocía la mitad del aceite de oliva extra virgen sobre ellos.

Espolvorea la mitad de los condimentos y el queso parmesano por encima.

4. Ponga la bandeja de hornear en el horno caliente, deje que el repollo se ase durante quince minutos, y luego déle la vuelta a las cuñas. Poner el resto del aceite de oliva por encima y luego espolvorear el resto de los condimentos y el queso por encima también.

5. Devuelva la col al horno y déjela asar durante quince minutos más, hasta que esté tierna. Sírvala fresca y caliente.

Nutrición:

Calorías: 17

Carbohidratos: 4g

Grasa: 0g

Proteína: 1g

Sodio: 27mg

Potasio: 213mg

Tex-Mex Cole Slaw

Tiempo de preparación: 15 minutos

Tiempo de cocción: 0 minutos

Porciones: 12

Ingredientes:

- Frijoles negros, cocidos - 2 tazas

- Tomates de uva, cortados por la mitad - 1,5 tazas

- Granos de maíz a la parrilla - 1,5 tazas

- Jalapeño, sembrado y picado - 1

- Cilantro, picado - .5 taza

- Pimiento, en cubitos - 1

- Mezcla de coleslaw y repollo - 16 onzas

- Jugo de lima - 3 cucharadas

- Crema agria ligera - .66 taza

- Mayonesa de aceite de oliva, reducida en grasas - 1 taza

- Polvo de chile - 1 cucharada

- Comino, molido - 1 cucharadita

- Cebolla en polvo - 1 cucharadita

- Ajo en polvo - 1 cucharadita

Instrucciones:

1. Mezcla la crema agria, la mayonesa, el jugo de limón, el ajo en polvo, la cebolla en polvo, el comino y el chile en polvo en un tazón para crear el aderezo.

2. En un gran tazón, arroje las verduras y luego agregue el aderezo preparado y vuelva a arrojarlo hasta que esté cubierto uniformemente. Enfríe la mezcla en la nevera de 30 minutos a 12 horas antes de servirla.

Nutrición:

Calorías: 50

Carbohidratos: 10g

Grasa: 1g

Proteína: 3g

Sodio: 194mg

Potasio: 345mg

Okra asada

Tiempo de preparación: 15 minutos

Tiempo de cocción: 20 minutos

Porciones: 4

Ingredientes:

- Okra, fresca - 1 libra

- Aceite de oliva extra virgen - 2 cucharadas

- Pimienta de cayena, molida - .125 cucharadita

- Pimentón - 1 cucharadita

- Ajo en polvo - .25 cucharadita

Instrucciones:

1. Calienta el horno a 450 grados Fahrenheit y prepara una gran bandeja para hornear. Corten el quimbombó en trozos del tamaño apropiado de 1/2 pulgada.

2. Coloca el quimbombó en el molde y cúbrelo con el aceite de oliva y los condimentos, dándole una buena sacudida hasta que quede cubierto uniformemente. Ase el quimbombó en el horno caliente hasta que esté tierno y ligeramente dorado y chamuscado. Servir inmediatamente mientras está caliente.

Nutrición:

Calorías: 65

Carbohidratos: 6g

Grasa: 5g

Proteína: 2g

Sodio: 9mg

Potasio: 356mg

Zanahorias glaseadas con azúcar moreno

Tiempo de preparación: 15 minutos

Tiempo de cocción: 25 minutos

Porciones: 6

Ingredientes:

- Zanahorias, cortadas en trozos de 1 pulgada - 2 libras

- Aceite de oliva ligero - .33 taza

- Mezcla de azúcar moreno Truvia - .25 taza

- Pimienta negra, molida - .25 cucharadita

Instrucciones:

1. Calienta el horno a 400 grados Fahrenheit y prepara una gran bandeja para hornear. Mezcle las zanahorias con el aceite, la Truvia y la pimienta negra hasta cubrirlas uniformemente y luego extiéndalas en la bandeja de hornear preparada.

2. Ponga las zanahorias en el horno y déjelas asar hasta que estén tiernas, unos veinte o veinticinco minutos. A la mitad del tiempo de cocción, dale a las zanahorias un buen servicio. Saque las zanahorias del horno y sírvalas solas o cubiertas con perejil fresco.

Nutrición:

Calorías: 110

Carbohidratos: 16g

Grasa: 4g

Proteína: 1g

Sodio: 105mg

Potasio: 486mg

Remolachas asadas al horno con ricotta de miel

Tiempo de preparación: 15 minutos

Hora de cocinar: 40 minutos

Porciones: 6

Ingredientes:

- Remolacha morada - 1 libra

- Remolacha dorada - 1 libra

- Queso ricotta, bajo en grasa - .5 taza

- Aceite de oliva extra virgen - 3 cucharadas

- Miel - 1 cucharada

- Romero, fresco, picado - 1 cucharadita

- Pimienta negra, molida - .25 cucharadita

Instrucciones:

1. Calienta el horno a 375 grados Fahrenheit y prepara una gran bandeja para hornear forrándola con pergamino de cocina. Cortar las remolachas en cubos de media pulgada antes de mezclarlas con aceite de oliva extra virgen y pimienta negra.

2. Ponga las remolachas en la bandeja de hornear y déjelas asar hasta que estén tiernas, unos treinta y cinco o cuarenta minutos. A mitad del proceso de cocción, voltear las remolachas.

3. Mientras tanto, en un pequeño tazón, bate la ricotta con el romero y la miel. Refrigerar hasta que esté listo para servir. Una vez que las remolachas estén listas, sírvelas con la mezcla de ricotta y disfrútalas.

Nutrición:

Calorías: 195

Carbohidratos: 24g

Grasa: 8g

Proteína: 8g

Sodio: 139mg

Potasio: 521mg

Mezcla fácil de zanahorias

Tiempo de preparación: 10 minutos

Hora de cocinar: 40 minutos

Porciones: 6

Ingredientes:

- 15 zanahorias, cortadas por la mitad a lo largo

- 2 cucharadas de azúcar de coco

- ¼ taza de aceite de oliva

- ½ cucharadita de romero, seco

- ½ cucharadita de polvo de ajo

- Una pizca de pimienta negra

Instrucciones:

1. En un bol, combinar las zanahorias con el azúcar, el aceite, el romero, el ajo en polvo y la pimienta negra, mezclar bien, extender en una bandeja de hornear forrada, introducir en el horno y hornear a 400 grados F durante 40 minutos. Servir.

Nutrición:

Calorías: 60

Carbohidratos: 9g

Grasa: 0g

Proteína: 2g

Sodio: 0 mg

Sabrosos espárragos a la parrilla

Tiempo de preparación: 10 minutos

Tiempo de cocción: 6 minutos

Porciones: 4

Ingredientes:

- 2 libras de espárragos, recortados

- 2 cucharadas de aceite de oliva

- Una pizca de sal y pimienta negra

Instrucciones:

1. En un tazón, combine los espárragos con sal, pimienta y aceite y mézclelos bien. Colocar los espárragos en una parrilla precalentada a fuego medio-alto, cocinarlos durante 3 minutos por cada lado y luego servirlos.

Nutrición:

Calorías: 50

Carbohidratos: 8g

Grasa: 1g

Proteína: 5g

Sodio: 420 mg

Zanahorias asadas

Tiempo de preparación: 10 minutos

Hora de cocinar: 30 minutos

Porciones: 4

Ingredientes:

- 2 libras de zanahorias, en cuartos

- Una pizca de pimienta negra

- 3 cucharadas de aceite de oliva

- 2 cucharadas de perejil, picado

Instrucciones:

1. Coloca las zanahorias en una bandeja de hornear forrada, añade pimienta negra y aceite, mézclalas, introdúcelas en el horno y cocínalas en 30 minutos a 400 grados F. Añade perejil, mézclalas, divídelas entre los platos y sírvelas como guarnición.

Nutrición:

Calorías: 89

Carbohidratos: 10g

Grasa: 6g

Proteína: 1g

Sodio: 0 mg

Espárragos asados al horno

Tiempo de preparación: 10 minutos

Tiempo de cocción: 25 minutos

Porciones: 4

Ingredientes:

- 2 libras de espárragos, recortados

- 3 cucharadas de aceite de oliva

- Una pizca de pimienta negra

- 2 cucharaditas de pimentón dulce

- 1 cucharadita de semillas de sésamo

Instrucciones:

1. Disponer los espárragos en una bandeja de horno forrada, añadir aceite, pimienta negra y pimentón, remover, introducir en el horno y hornear en 25 minutos a 400 grados F. Dividir los espárragos entre los platos, espolvorear semillas de sésamo en la parte superior y servir como guarnición.

Nutrición:

Calorías: 45

Carbohidratos: 5g

Grasa: 2g

Proteína: 2g

Sodio: 0 mg

Patata asada con tomillo

Tiempo de preparación: 10 minutos

Tiempo de cocción: 1 hora y 15 minutos

Porciones: 8

Ingredientes:

- 6 patatas, peladas y cortadas en rodajas

- 2 dientes de ajo, picados

- 2 cucharadas de aceite de oliva

- 1 y ½ tazas de crema de coco

- ¼ taza de leche de coco

- 1 cucharada de tomillo, picado

- ¼ cucharadita de nuez moscada, molida

- Una pizca de copos de pimienta roja

- 1 y ½ tazas de cheddar bajo en grasa, rallado

- ½ taza de parmesano bajo en grasas, rallado

Instrucciones:

1. Calentar una sartén con el aceite a fuego medio, añadir el ajo, remover y cocinar durante 1 minuto. Añade la crema de coco, la leche de coco, el tomillo, la nuez moscada y las hojuelas de pimienta, revuelve, deja que

hierva a fuego lento, ajusta a bajo y cocina en 10 minutos.

2. Poner un tercio de las patatas en una fuente de horno, añadir 1/3 de la crema, repetir el proceso con las patatas restantes y la crema, espolvorear el cheddar por encima, cubrir con papel de aluminio, introducir en el horno y cocinar a 375 grados F durante 45 minutos. Destapar el plato, espolvorear el parmesano, hornear todo durante 20 minutos, dividir entre los platos y servir como guarnición.

Nutrición:

Calorías: 132

Carbohidratos: 21g

Grasa: 4g

Proteína: 2g

Sodio: 56 mg

Coles de Bruselas picantes

Tiempo de preparación: 10 minutos

Tiempo de cocción: 20 minutos

Porciones: 6

Ingredientes:

- 2 libras de coles de Bruselas, reducidas a la mitad

- 2 cucharadas de aceite de oliva

- Una pizca de pimienta negra

- 1 cucharada de aceite de sésamo

- 2 dientes de ajo, picados

- ½ taza de aminos de coco

- 2 cucharaditas de vinagre de sidra de manzana

- 1 cucharada de azúcar de coco

- 2 cucharaditas de salsa de chile

- Una pizca de copos de pimienta roja

- Semillas de sésamo para servir

Instrucciones:

1. Esparcir los brotes en una bandeja de hornear forrada, añadir el aceite de oliva, el aceite de sésamo, la pimienta negra, el ajo, los aminos, el vinagre, el azúcar de coco, la salsa de chile y los copos de pimienta, mezclar bien, introducir en el horno y hornear en 20 minutos a 425 grados F. Dividir los brotes entre los platos, espolvorear las semillas de sésamo por encima y servir como guarnición.

Nutrición:

Calorías: 64

Carbohidratos: 13g

Grasa: 0g

Proteína: 4g

Sodio: 314 mg

Coliflor horneada con chile

Tiempo de preparación: 10 minutos

Hora de cocinar: 30 minutos

Porciones: 4

Ingredientes:

- 3 cucharadas de aceite de oliva

- 2 cucharadas de salsa de chile

- Jugo de 1 lima

- 3 dientes de ajo, picados

- 1 cabeza de coliflor, los ramilletes separados

- Una pizca de pimienta negra

- 1 cucharadita de cilantro, picado

Instrucciones:

1. En un tazón, combine el aceite con la salsa de chile, jugo de limón, ajo y pimienta negra y bata. Añada los ramilletes de coliflor, revuelva, unte en una bandeja de hornear forrada, introduzca en el horno y hornee a 425 grados F durante 30 minutos. Dividir la coliflor entre los platos, espolvorear el cilantro por encima y servir como guarnición.

Nutrición:

Calorías: 31

Carbohidratos: 3g

Grasa: 0g

Proteína: 3g

Sodio: 4 mg

Brócoli al horno

Tiempo de preparación: 10 minutos

Tiempo de cocción: 15 minutos

Porciones: 4

Ingredientes:

- 1 cucharada de aceite de oliva

- 1 cabeza de brócoli, los floretes separados

- 2 dientes de ajo, picados

- ½ taza de crema de coco

- ½ taza de mozzarella baja en grasas, triturada

- ¼ taza de parmesano bajo en grasa, rallado

- Una pizca de copos de pimienta, aplastados

Instrucciones:

1. En un plato para hornear, combine el brócoli con aceite, ajo, crema, hojuelas de pimienta, mozzarella y mezcle. Espolvorear el parmesano por encima, introducirlo en el horno y hornearlo a 375 grados F durante 15 minutos. Servir.

Nutrición:

Calorías: 90

Carbohidratos: 6g

Grasa: 7g

Proteína: 3g

Sodio: 30 mg

Patatas cocidas a fuego lento con Cheddar

Tiempo de preparación: 10 minutos

Tiempo de cocción: 6 horas

Porciones: 6

Ingredientes:

- Spray de cocina

- 2 libras de patatas pequeñas, en cuartos

- 3 tazas de queso cheddar bajo en grasa, rallado

- 2 dientes de ajo, picados

- 8 lonchas de tocino, cocidas y picadas

- ¼ taza de cebollas de verdeo, picadas

- 1 cucharada de pimentón dulce

- Una pizca de pimienta negra

Instrucciones:

1. Rocíe una olla de cocción lenta con el aerosol de cocina, añada papas bebés, queso cheddar, ajo, tocino, cebollas verdes, pimentón y pimienta negra, revuelva, cubra y cocine a alta temperatura durante 6 horas. Servir.

Nutrición:

Calorías: 112

Carbohidratos: 26g

Grasa: 4g

Proteína: 8g

Sodio: 234 mg

Ensalada de calabaza con naranja

Tiempo de preparación: 10 minutos

Hora de cocinar: 30 minutos

Porciones: 6

Ingredientes:

- 1 taza de jugo de naranja

- 3 cucharadas de azúcar de coco

- 1 y ½ cucharadas de mostaza

- 1 cucharada de jengibre rallado

- 1 y ½ libras de calabaza butternut, pelada y cortada en cubos.

- Spray de cocina

- Una pizca de pimienta negra

- 1/3 taza de aceite de oliva

- 6 tazas de ensalada de hojas verdes

- 1 achicoria, en rodajas

- ½ taza de pistachos, asados

Instrucciones:

1. Mezclar el jugo de naranja con el azúcar, la mostaza, el jengibre, la pimienta negra, la calabaza en un tazón, mezclar bien, esparcir en una bandeja de hornear forrada, rociar todo con aceite de cocina y hornear durante 30 minutos a 400 grados F.

2. En una ensaladera, combine la calabaza con las verduras, el achicoria, los pistachos y el aceite, mézclelos bien y sírvalos.

Nutrición:

Calorías: 17

Carbohidratos: 2g

Grasa: 0g

Proteína: 0g

Sodio: 0 mg

Ensalada de iceberg de colores

Tiempo de preparación: 10 minutos

Tiempo de cocción: 0 minutos

Porciones: 4

Ingredientes:

- 1 cabeza de lechuga iceberg, hojas desgarradas

- 6 lonchas de tocino, cocidas y cortadas por la mitad

- 2 cebollas verdes, en rodajas

- 3 zanahorias, ralladas

- 6 rábanos, en rodajas

- ¼ taza de vinagre rojo

- ¼ taza de aceite de oliva

- 3 dientes de ajo, picados

- Una pizca de pimienta negra

Instrucciones:

1. Mezclar las hojas de lechuga con el tocino, cebollas verdes, zanahorias, rábanos, vinagre, aceite, ajo y pimienta negra en una gran ensaladera, mezclar, dividir entre los platos y servir como guarnición.

Nutrición:

Calorías: 15

Carbohidratos: 3g

Grasa: 0g

Proteína: 1g

Sodio: 15 mg

Ensalada de hinojo con rúcula

Tiempo de preparación: 10 minutos

Tiempo de cocción: 0 minutos

Porciones: 4

Ingredientes:

- 2 bulbos de hinojo, recortados y afeitados

- 1 y ¼ tazas de calabacín, en rodajas

- 2/3 taza de eneldo, picado

- ¼ taza de jugo de limón

- ¼ taza de aceite de oliva

- 6 tazas de rúcula

- ½ tazas de nueces, picadas

- 1/3 de taza de queso feta bajo en grasa, desmoronado

Instrucciones:

1. Mezclar el hinojo con el calabacín, eneldo, jugo de limón, rúcula, aceite, nueces y queso en un tazón grande, mezclar y servir.

Nutrición:

Calorías: 65

Carbohidratos: 6g

Grasa: 5g

Proteína: 1g

Sodio: 140 mg

Mezcla de maíz

Tiempo de preparación: 10 minutos

Tiempo de cocción: 0 minutos

Porciones: 4

Ingredientes:

- ½ taza de vinagre de sidra

- ¼ taza de azúcar de coco

- Una pizca de pimienta negra

- 4 tazas de maíz

- ½ taza de cebolla roja, picada

- ½ taza de pepino, en rodajas

- ½ taza de pimiento rojo, picado

- ½ taza de tomates cherry cortados por la mitad

- 3 cucharadas de perejil, picado

- 1 cucharada de albahaca, picada

- 1 cucharada de jalapeño, picado

- 2 tazas de hojas de rúcula bebé

Instrucciones:

1. Mezcla el maíz con la cebolla, el pepino, el pimiento, los tomates cherry, el perejil, la albahaca, el jalapeño y la rúcula en un bol grande. Añade el vinagre, el azúcar y la pimienta negra, revuelve bien, divide entre los platos y sirve como guarnición.

Nutrición:

Calorías: 110

Carbohidratos: 25g

Grasa: 0g

Proteína: 2g

Sodio: 120 mg

Ensalada de caqui

Tiempo de preparación: 10 minutos

Tiempo de cocción: 0 minutos

Porciones: 4

Ingredientes:

- Semillas de una granada

- 2 caquis, sin corazón y en rodajas

- 5 tazas de rúcula para bebés

- 6 cucharadas de cebollas de verdeo, picadas

- 4 naranjas de ombligo, cortadas en segmentos

- ¼ taza de vinagre blanco

- 1/3 taza de aceite de oliva

- 3 cucharadas de piñones

- 1 y ½ cucharaditas de cáscara de naranja, rallada

- 2 cucharadas de jugo de naranja

- 1 cucharada de azúcar de coco

- ½ chalota, picada

- Una pizca de canela en polvo

Instrucciones:

1. En una ensaladera, combine las semillas de granada con caquis, rúcula, cebollas de verdeo y naranjas y mézclelas. En otro bol, combinar el vinagre con el aceite, los piñones, la cáscara de naranja, el jugo de naranja, el azúcar, el chalote y la canela, batir bien, añadir a la ensalada, mezclar y servir como guarnición.

Nutrición:

Calorías: 310

Carbohidratos: 33g

Grasa: 16g

Proteína: 7g

Sodio: 320 mg

Ensalada de aguacate

Tiempo de preparación: 10 minutos

Tiempo de cocción: 0 minutos

Porciones: 4

Ingredientes:

- 4 naranjas de sangre, cortadas en segmentos

- 2 cucharadas de aceite de oliva

- Una pizca de pimienta roja, aplastada

- 2 aguacates, pelados, cortados en trozos

- 1 y ½ tazas de rúcula bebé

- ¼ taza de almendras, tostadas y picadas

- 1 cucharada de jugo de limón

Instrucciones:

1. Mezclar las naranjas con el aceite, el pimiento rojo, los aguacates, la rúcula, las almendras y el zumo de limón en un bol y servir.

Nutrición:

Calorías: 146

Carbohidratos: 8g

Grasa: 7g

Proteína: 15g

Sodio: 320 mg

Floretes de brócoli condimentados

Tiempo de preparación: 10 minutos

Hora de cocinar: 3 horas.

Porciones: 10

Ingredientes:

- 6 tazas de flores de brócoli

- 1 y ½ tazas de queso cheddar bajo en grasa, rallado

- ½ cucharadita de vinagre de sidra

- ¼ taza de cebolla amarilla, picada

- 10 onzas de salsa de tomate, sin sodio

- 2 cucharadas de aceite de oliva

- Una pizca de pimienta negra

Instrucciones:

1. Engrasar la olla de cocción lenta con el aceite, añadir brócoli, salsa de tomate, vinagre de sidra, cebolla y pimienta negra, cocinar a alta temperatura en 2 horas y 30 minutos. Espolvorear el queso por todas partes, cubrir, cocinar en alta durante 30 minutos más, dividir entre los platos y servir como guarnición.

Nutrición:

Calorías 119

Grasa 8.7g

Sodio 272mg

Carbohidratos 5,7g

Fibra 1.9g

Azúcares 2.3g

Proteína 6.2g

Plato de frijoles de Lima

Tiempo de preparación: 10 minutos

Tiempo de cocción: 5 horas

Porciones: 10

Ingredientes:

- 1 pimiento verde, picado

- 1 pimiento rojo dulce, picado

- 1 y ½ tazas de salsa de tomate, sin sal

- 1 cebolla amarilla, picada

- ½ taza de agua

- 16 onzas de frijoles enlatados, sin sal, escurridos y enjuagados.

- 16 onzas de guisantes de ojo negro en lata, sin sal, escurridos y enjuagados.

- 15 onzas de maíz

- 15 onzas de habas enlatadas, sin sal, escurridas y enjuagadas.

- 15 onzas de frijoles negros en lata, sin sal, escurridos

- 2 costillas de apio, picadas

- 2 hojas de laurel

- 1 cucharadita de mostaza molida

- 1 cucharada de vinagre de sidra

Instrucciones:

1. En la olla de cocción lenta, mezclar la salsa de tomate con la cebolla, el apio, el pimiento rojo, el pimiento verde, el agua, las hojas de laurel, la mostaza, el vinagre, los frijoles, los guisantes de ojo negro, el maíz, las habas y los frijoles negros, y cocinarlos a fuego lento en 5 horas. Descarte las hojas de laurel, divida toda la mezcla entre los platos y sirva.

Nutrición:
Calorías 602
Grasa 4.8g
Sodio 255mg
Carbohidratos 117,7g
Fibra 24.6g
Azúcares 13,4 g
Proteína 33g

Salsa de soja Frijoles verdes

Tiempo de preparación: 10 minutos

Tiempo de cocción: 2 horas

Porciones: 12

Ingredientes:

- 3 cucharadas de aceite de oliva

- 16 onzas de judías verdes

- ½ cucharadita de polvo de ajo

- ½ taza de azúcar de coco

- 1 cucharadita de salsa de soja baja en sodio

Instrucciones:

1. En la olla de cocción lenta, mezclar las judías verdes con el aceite, el azúcar, la salsa de soja y el ajo en polvo, tapar y cocinar a fuego lento durante 2 horas. Mezcle las judías, divídalas entre los platos y sírvalas como guarnición.

Nutrición:

Calorías 46

Grasa 3.6g

Sodio 29mg

Carbohidratos 3,6 g

Fibra 1.3g

Azúcares 0.6g

Proteína 0.8g

Maíz de mantequilla

Tiempo de preparación: 10 minutos

Hora de cocinar: 4 horas

Porciones: 12

Ingredientes:

- 20 onzas de queso crema sin grasa

- 10 tazas de maíz

- ½ taza de mantequilla baja en grasa

- ½ taza de leche sin grasa

- Una pizca de pimienta negra

- 2 cucharadas de cebollas de verdeo, picadas

Instrucciones:

1. En la olla de cocción lenta, mezclar el maíz con queso crema, leche, mantequilla, pimienta negra y cebollas, cocinar a fuego lento en 4 horas. Mezclar una vez más, dividir entre los platos y servir como guarnición.

Nutrición:

Calorías 279

Grasa 18g

Colesterol 52mg

Sodio 165mg

Carbohidratos 26g

Fibra 3.5g

Azúcares 4,8 g

Proteína 8.1g

Guisantes de Stevia con Mejorana

Tiempo de preparación: 10 minutos

Tiempo de cocción: 5 horas

Porciones: 12

Ingredientes:

- Zanahorias de una libra, en rodajas

- 1 cebolla amarilla, picada

- 16 onzas de guisantes

- 2 cucharadas de stevia

- 2 cucharadas de aceite de oliva

- 4 dientes de ajo, picados

- ¼ taza de agua

- 1 cucharadita de mejorana, seca

- Una pizca de pimienta blanca

Instrucciones:

1. En la olla de cocción lenta, mezclar las zanahorias con agua, cebolla, aceite, stevia, ajo, mejorana, pimienta blanca, guisantes, mezclar, tapar y cocinar a fuego alto

durante 5 horas. Dividir entre los platos y servir como guarnición.

Nutrición:

Calorías 71

Grasa 2.5g

Sodio 29mg

Carbohidratos 12,1g

Fibra 3.1g

Azúcares 4.4g

Proteína 2.5g

Potasio 231mg

Pilaf con setas Bella

Tiempo de preparación: 10 minutos

Hora de cocinar: 3 horas.

Porciones: 6

Ingredientes:

- 1 taza de arroz salvaje

- 6 cebollas verdes, picadas

- ½ libra de hongos Bella bebé

- 2 tazas de agua

- 2 cucharadas de aceite de oliva

- 2 dientes de ajo, picados

Instrucciones:

1. En la olla de cocción lenta, mezclar el arroz con ajo, cebollas, aceite, champiñones, agua, mezclar, cubrir y cocinar a fuego lento durante 3 horas. Revuelva el pilaf una vez más, divídalo entre los platos y sirva.

Nutrición:

Calorías 151

Grasa 5.1g

Sodio 9mg

Carbohidratos 23,3g

Fibra 2.6g

Azúcares 1.7g

Proteína 5.2g

Hinojo de perejil

Tiempo de preparación: 10 minutos

Tiempo de cocción: 2 horas y 30 minutos

Porciones: 4

Ingredientes:

- 2 bulbos de hinojo, cortados en rodajas

- Jugo y cáscara de 1 limón

- 2 cucharaditas de aceite de aguacate

- ½ cucharadita de polvo de cúrcuma

- 1 cucharada de perejil, picado

- ¼ taza de caldo vegetal, bajo en sodio

Instrucciones:

1. En una olla de cocción lenta, combinar el hinojo con el jugo de lima, la cáscara y los otros ingredientes, cocer a fuego lento en 2 horas y 30 minutos. Servir.

Nutrición:

Calorías 47

Grasa 0.6g

Sodio 71mg

Carbohidratos 10,8g

Proteína 1.7g

Dulce Butternut

Tiempo de preparación: 10 minutos

Hora de cocinar: 4 horas

Porciones: 8

Ingredientes:

- 1 taza de zanahorias, picadas

- 1 cucharada de aceite de oliva

- 1 cebolla amarilla, picada

- ½ cucharadita de stevia

- 1 diente de ajo, picado

- ½ cucharadita de polvo de curry

- 1 calabaza, al cubo

- 2 y ½ tazas de caldo vegetal bajo en sodio

- ½ taza de arroz basmati

- ¾ taza de leche de coco

- ½ cucharadita de canela en polvo

- ¼ cucharadita de jengibre, rallado

Instrucciones:

1. Caliente, una sartén con el aceite a fuego medio-alto, añada el aceite, la cebolla, el ajo, la stevia, las

zanahorias, el curry en polvo, la canela, el jengibre, revuelva, y cocine 5 minutos y transfiera a su olla de cocción lenta.

2. Añade la calabaza, el caldo y la leche de coco, revuelve, cubre y cocina a fuego lento durante 4 horas. Dividir la mezcla de mantequilla entre los platos y servir como guarnición.

Nutrición:

Calorías 134

Grasa 7.2g

Sodio 59mg

Carbohidratos 16,5g

Fibra 1.7g

Azúcares 2.7g

Proteína 1.8g

Salchichas de hongos

Tiempo de preparación: 10 minutos

Tiempo de cocción: 2 horas

Porciones: 12

Ingredientes:

- 6 costillas de apio, picadas

- 1 libra sin azúcar, salchicha de carne, picada

- 2 cucharadas de aceite de oliva

- ½ libra de setas, picadas

- ½ taza de semillas de girasol, peladas

- 1 taza de caldo vegetal bajo en sodio

- 1 taza de arándanos secos

- 2 cebollas amarillas, picadas

- 2 dientes de ajo, picados

- 1 cucharada de salvia, seca

- 1 pan de trigo integral, cortado en cubos

Instrucciones:

1. Calentar una sartén con el aceite a fuego medio-alto, añadir la carne, remover y dorar durante unos minutos. Añade los champiñones, la cebolla, el apio, el ajo y la salvia, revuelve, cocina unos minutos más y pasa a la olla de cocción lenta.

2. Añade el caldo, los arándanos, las semillas de girasol y los cubos de pan; cúbrelos y cocínalos a fuego alto durante 2 horas. Revuelva toda la mezcla, divídala entre los platos y sírvala como guarnición.

Nutrición:

Calorías 188

Grasa 13.8g

Sodio 489mg

Carbohidratos 8,2 g

Fibra 1.9g

Proteína 7.6g

Patatas rojas con perejil

Tiempo de preparación: 10 minutos

Tiempo de cocción: 6 horas

Porciones: 8

Ingredientes:

- 16 patatas rojas pequeñas, cortadas por la mitad

- 2 tazas de caldo de pollo bajo en sodio

- 1 zanahoria, en rodajas

- 1 costilla de apio, picada

- ¼ taza de cebolla amarilla, picada

- 1 cucharada de perejil, picado

- 2 cucharadas de aceite de oliva

- Una pizca de pimienta negra

- 1 diente de ajo picado

Instrucciones:

1. En la olla de cocción lenta, mezclar las patatas con la zanahoria, el apio, la cebolla, el caldo, el perejil, el ajo, el aceite y la pimienta negra, mezclar, tapar y cocinar a fuego lento durante 6 horas. Servir.

Nutrición:

Calorías 257

Grasa 9.5g

Sodio 845mg

Carbohidratos 43,4g

Proteína 4.4g

Mezcla de guisantes de ojo negro de jalapeño

Tiempo de preparación: 10 minutos

Tiempo de cocción: 5 horas

Porciones: 12

Ingredientes:

- 17 onzas de guisantes de ojo negro

- 1 pimiento rojo dulce, picado

- ½ taza de salchicha, picada

- 1 cebolla amarilla, picada

- 1 jalapeño, picado

- 2 dientes de ajo picados

- 6 tazas de agua

- ½ cucharadita de comino, molido

- Una pizca de pimienta negra

- 2 cucharadas de cilantro, picado

Instrucciones:

1. En su olla de cocción lenta, mezcle los guisantes con la salchicha, la cebolla, el pimiento rojo, el jalapeño, el ajo, el comino, la pimienta negra, el agua, el cilantro, la tapa y cocine a fuego lento durante 5 horas. Servir.

Nutrición:

Calorías 75

Grasa 3.5g

Sodio 94mg

Carbohidratos 7,2 g

Fibra 1.7g

Azúcares 0.9g

Proteína 4.3g

Frijoles verdes de crema agria

Tiempo de preparación: 10 minutos

Hora de cocinar: 4 horas

Porciones: 8

Ingredientes:

- 15 onzas de judías verdes

- 14 onzas de maíz

- 4 onzas de hongos, en rodajas

- 11 onzas de sopa de crema de champiñones, baja en grasa y sin sodio.

- ½ taza de crema agria baja en grasas

- ½ taza de almendras, picadas

- ½ taza de queso cheddar bajo en grasa, rallado

Instrucciones:

1. En la olla de cocción lenta, mezclar las judías verdes con el maíz, la sopa de setas, los champiñones, las almendras, el queso, la crema agria, mezclar, cubrir y cocinar a fuego lento durante 4 horas. Revuelva una vez más, divida entre los platos y sirva como guarnición.

Nutrición:

Calorías360

Grasa 12.7g

Sodio 220mg

Carbohidratos 58,3g

Fibra 10g

Azúcares 10.3g

Proteína 14g

Comino Coles de Bruselas

Tiempo de preparación: 10 minutos

Hora de cocinar: 3 horas.

Porciones: 4

Ingredientes:

- 1 taza de caldo vegetal bajo en sodio

- Coles de Bruselas de una libra, recortadas y cortadas por la mitad

- 1 cucharadita de romero, seco

- 1 cucharadita de comino molido

- 1 cucharada de menta, picada

Instrucciones:

1. En su olla de cocción lenta, combine los brotes con el caldo y los otros ingredientes, cocine a fuego lento en 3 horas. Servir.

Nutrición:

Calorías 56

Grasa 0.6g

Sodio 65mg

Carbohidratos 11,4g

Fibra 4.5g

Azúcares 2.7g

Proteína 4g

Melocotón y zanahorias

Tiempo de preparación: 10 minutos

Tiempo de cocción: 6 horas

Porciones: 6

Ingredientes:

- 2 libras de zanahorias pequeñas, peladas

- ½ taza de mantequilla baja en grasa, derretida

- ½ taza de melocotón enlatado, sin azúcar

- 2 cucharadas de maicena

- 3 cucharadas de stevia

- 2 cucharadas de agua

- ½ cucharadita de canela en polvo

- 1 cucharadita de extracto de vainilla

- Una pizca de nuez moscada, molida

Instrucciones:

1. En la olla de cocción lenta, mezclar las zanahorias con la mantequilla, el melocotón, la stevia, la canela, la vainilla, la nuez moscada y la maicena mezcladas con

agua, mezclar, tapar y cocinar a fuego lento durante 6 horas. Mezclar las zanahorias una vez más, dividirlas entre los platos y servirlas como guarnición.

Nutrición:

Calorías139

Grasa 10.7g

Sodio 199mg

Carbohidratos 35,4g

Fibra 4.2g

Azúcares 6.9g

Proteína 3.8g

y cereales para bebés

Tiempo de preparación: 10 minutos

Hora de cocinar: 4 horas

Porciones: 12

Ingredientes:

- 1 calabaza, pelada y cortada en cubos

- 1 taza de mezcla de cereales integrales, sin cocer.

- 12 onzas de caldo vegetal bajo en sodio

- 6 onzas de espinaca bebé

- 1 cebolla amarilla, picada

- 3 dientes de ajo, picados

- ½ taza de agua

- 2 cucharaditas de tomillo, picado

- Una pizca de pimienta negra

Instrucciones:

1. En la olla de cocción lenta, mezclar la calabaza con grano entero, cebolla, ajo, agua, tomillo, pimienta negra, caldo, espinacas, tapar y cocinar a fuego lento durante 4 horas. Servir.

Nutrición:

Calorías78

Grasa 0.6g

Sodio 259mg

Carbohidratos 16,4g

Fibra 1.8g

Azúcares 2g

Proteína 2.5g

Curry de quinoa

Tiempo de preparación: 15 minutos

Hora de cocinar: 4 horas

Porciones: 8

Ingredientes:

- 1 camote picado

- 2 tazas de judías verdes

- ½ cebolla picada (blanca)

- 1 zanahoria en trozos

- 15 onzas de garbanzos (orgánicos y escurridos)

- 28 oz. de tomates (en cubos)

- 29 oz de leche de coco

- 2 dientes de ajo picados

- ¼ taza de Quinoa

- 1 tbs. de cúrcuma (tierra)

- 1 cucharada de jengibre (rallado)

- 1 ½ tazas Agua

- 1 cucharadita de Chili Flakes

- 2 cdtas. de Salsa Tamari

Instrucciones:

1. Ponga todos los arreglos listados en la olla de cocción lenta. Añade una taza de agua. Revuelva bien. Cocine a fuego alto durante 4 horas. Servir con arroz.

Nutrición:

Calorías 297

Grasa 18 g

Sodio 364 mg

Hidratos de carbono 9 mg

Proteína 28 g

CPSIA information can be obtained
at www.ICGtesting.com
Printed in the USA
BVHW011217080421
604483BV00009B/164